LETTRE

DE

M. LE DUC DE BRANCAS

A M. LE VICOMTE DE CHATEAUBRIANT.

LETTRE

DE

M. LE DUC DE BRANCAS

A M. LE VICOMTE DE CHATEAUBRIANT.

A PARIS,

CHEZ LES MARCHANDS DE NOUVEAUTÉS.

1815.

AVERTISSEMENT.

———

LES copies des lettres de M. le duc de Brancas à M. le vicomte de Châteaubriant, du 16 septembre ; et à M. le Chancelier, du 14 octobre de cette année, s'étant multipliées, l'une d'elles est tombée dans mes mains : nous les imprimons, très-convaincus que le public nous saura gré de ne pas les laisser dans les poches des personnages auxquels elles sont adressées ; et que, leur publication les aidera considérablement au parti d'en faire usage.

LETTRE

DE M. LE DUC DE BRANCAS

A M. LE VICOMTE DE CHATEAUBRIANT.

Paris, le 16 septembre 1815.

Je suis dans ma quatre-vingt-troisième année, Monsieur le Vicomte, et j'ai depuis long-
temps un catarrhe gouteux qui se débarrassera bientôt de moi, parce que je n'ai jamais
pu me débarrasser de lui. Aussi ne saurais-je
plus faire un pas sans être soutenu, ni proférer deux paroles sans que la troisième expire sur mes lèvres; mais si vous me permettez
de mettre sous la protection de vos rares talens la motion d'ordre que voici, l'usage que
vous en aurez fait m'aura bien consolé de
mon impuissance. Ce que cette motion a de
prévision me semble propre à garantir les
Pairs des pièges de l'urgence. En effet, quand
il suffirait à beaucoup de ceux qui vont rentrer dans leur chambre, d'y retrouver leurs

sièges et de s'y asseoir pour s'y croire à leurs places, en est-il des choses comme des hommes et de leurs chaises? Suffit-il à des hommes et à leurs chaises de ne pas bouger pour arrêter le temps? Celui qui dans l'espace de quinze mois nous remet en présence des Souverains de l'Europe, n'est-il pas sans exemple dans l'histoire? Et peut-on penser que cet événement ne laissera parmi nous d'autres traces que le souvenir d'un grand spectacle? Il n'en saurait être ainsi; et l'on doit craindre que l'avenir ne nous punisse des fautes du moment actuel. La révolution qui pouvait porter la liberté dans l'Europe n'y porta que sa gloire. Si nous pûmes prendre l'une pour l'autre, l'Europe ne peut s'y tromper, et veut maintenant que nous ne puissions plus nous y méprendre; elle a besoin de la paix, et depuis un an qu'elle cherche son équilibre, elle a reconnu qu'elle ne saurait compter sur le sien, sans rétablir le nôtre; aussi nous demande-t-elle des garanties ou des sûretés. Elles tendent sans doute au même but, celui d'assurer la tranquillité respective des puissances contractantes. Mais les moyens d'y parvenir sont si différens qu'il s'établit nécessairement une compensation entre ce que les garanties ont de moral et ce que les sûretés ont de positif. Aussi chacun de ces moyens laisse-t-il des impressions bien différentes sur les parties stipulantes. Les premiers augmentent leur sécurité réciproque dans le rapport de la confiance qu'ils établissent entre elles, tandis que les autres moyens condamnent les puissances qui les exigent, à trouver un sujet d'inquiétude jusques dans les précautions qu'elles prennent pour se rassurer. Nous ne pouvons donc éviter ce que ses sûretés ont de fâcheux et d'humiliant qu'en offrant aux alliés ce que les garanties peuvent présenter de plus certain et de plus honorable. Et sans doute rien ne saurait leur donner cet auguste caractère, aussi bien que la division du pouvoir législatif, puisqu'elle seule peut empêcher la force nationale de devenir despotique dans les mains d'un homme, ou dans celles d'une faction. Mais quelle doit être cette division ? et de quels élémens ses parties doivent être composées pour que la tranquillité de la France devienne le gage de celle de l'Europe? Ce problème n'a-t-il pas été résolu par la suite des efforts de la révolution pour trouver la liberté publique dans un seul élément social.

Par la Constitution de 91 , la loi étant formée par la majorité d'une assemblée populaire , elle était réellement démocratique , et renversa le 10 août le trône qu'elle avait prétendu conserver.

La Constitution de 93 ne fut jamais exécutée. Le Gouvernement devint révolutionnaire.

Après ces terribles essais pour établir l'unité de pouvoir et le trouver dans un seul élément, la Constitution de 95 crut parvenir à se passer de la réalité des deux Chambres et du pouvoir royal , en créant cinq Directeurs et deux Conseils : l'un des Cinq-Cents , l'autre des Anciens ; mais comme leurs élémens étaient les mêmes , et qu'ils étaient soumis à des élections semblables, les convulsions intestines de ce corps politique le décomposèrent le 18 brumaire an 8.

Il ne restait plus qu'un essai à faire pour conserver le type qu'on ne voulait pas briser; et cet essai, la Constitution de 1800 le tenta. Elle divisa le pouvoir exécutif entre trois Consuls, et le pouvoir législatif en trois corps réunis dans la même Chambre. Le Conseil d'Etat proposait, le Tribunal discutait, le Corps-Législatif approuvait ou rejetait par scrutin, sans avoir délibéré, et le Sénat Conservateur servit à détruire périodiquement le droit d'élection immédiate. Le Tribunat ayant voulu résister à la servilité des Sénateurs, il fut cassé, et la Constitution consulaire devint impériale en 1804 : le Sénat y exerçait, selon les circonstances le pouvoir législatif par les lois organiques, ainsi que le droit électoral pour la représentation nationale et pour le Tribunal de cassation. Enfin l'assemblée unique du Corps-Législatif statuait sur les impôts. Mais la législation et l'administration restèrent dans les mains du pouvoir impérial, puisque le Conseil d'Etat avait à-la-fois l'initiative des lois, leur discussion, ainsi que leur rédaction; et qu'en outre il jugeait en dernier ressort des affaires qu'il rendait administratives, quand il voulait. Cet ordre de choses avait réduit le Corps-Législatif à ne voter que par *oui* et que par *non* dans un scrutin secret, et le Sénat à obéir à l'Empereur.

Ainsi donc, après avoir long-temps et vainement cherché la liberté publique sous les formes populaires d'un seul élément, ces formes ne purent déguiser le despotisme qui prétendait s'y cacher. Un tel gouvernement, devenu nécessairement arbitraire sous Buonaparte, ne pouvait se soutenir que par des efforts et des succès continuels. Aussi ses premiers revers apprirent-ils qu'on entendrait bientôt le fracas de sa chûte, et que les événemens amèneraient celui de la restauration. Mais comme vingt-cinq ans de révolutions avaient effacé dans la France jusqu'aux souvenirs historiques, le Roi n'annonça pas son retour comme celui de l'ancienne monarchie ; mais comme l'époque d'une constitution monarchique, et, le 4 juin 1814, la présenta à l'assemblée qu'il avait convoquée. S'il est incontestable que Louis xviii la donnait en 1814, comme Louis-le-Gros avait donné en 1135, des chartes d'affranchissement aux communes, n'avions-nous pas autant besoin d'être affranchis des fureurs de la révolution, que les communes avaient éprouvé le besoin d'être affranchies du pouvoir féodal? Pendant vingt-cinq ans n'avions-nous pas été dans un esclavage assez dur? la charte ne nous empêchait-elle pas d'y rentrer, en divisant comme en Angleterre la souveraineté nationale entre la chambre des représentans, celle des Pairs et le Roi dont le pouvoir exécutif ne serait qu'un devoir imposé au Monarque, sans le droit essentiel dans la personne royale de participer à la loi comme les deux chambres ? Cette division était la seule chose constitutionnelle que la charte pût exprimer, puisque c'est elle qui établit la constitution telle qu'elle est; et comme d'après cette constitution, la loi est l'effet indispensable du concours des trois branches du pouvoir législatif, elles peuvent détruire demain ce qu'elles auront fait hier, sans donner la moindre atteinte à la Constitution. Ainsi, peu importe, qu'en parlant de la liberté individuelle, la charte n'ait pas dit un mot de l'*habeas corpus*, quoique son exécution, et dans certain cas, sa suspension n'assurent pas moins la paix publique que la liberté des individus. Le mouvement imprimé par la convocation d'une nouvelle législature devait être réparateur. Mais le Gouvernement n'a-t-il pas voulu le soumettre à son influence? et ne s'est-il pas trop défié de la puissance de la

Constitution , en recommandant sur toutes choses aux assemblées électorales l'oubli du passé? Dailleurs ce conseil sur l'oubli ne ressemble-t-ilpas beaucoup trop à celui qu'un certain *Gelius* donnait aux philosophes d'Athènes et dont Cicéron prétend, dans le premier livre de ses lois , que son ami Pomponius-Atticus riait souvent de bon cœur. (*Joculare istud quidem Pomponii et à multis sæpe derisum.*) Cicéron raconte que ce bon Gelius , étant dans Athènes à la place de Consul, fit assembler un jour tous les philosophes de la ville , et qu'après leur avoir conseillé de s'entendre entre eux , il leur offrit ses services pour les mettre d'accord. Ce n'est donc pas d'aujourd'hui que l'autorité tâcha d'enchaîner l'opinion, quoiqu'elle soit incorporelle, et qu'elle espéra d'y parvenir en appelant sa force, la raison publique. Mais sa force ne lui a-t-elle pas été communiquée par ceux qui la possédaient toute entière avant de lui en prêter une portion? En quittant la vie sauvage, les hommes n'ont-ils pas vécu dans un état social qui leur a donné l'idée du *mien* et du *tien*, avant de passer à un état constitutionnel? et cet état social n'est-il pas si nécessairement antérieur à toute espèce de constitution, qu'il est impossible d'en élever aucune sur une autre base? enfin, depuis que le temps introduisit dans la société des classes artificielles, et qu'il en composa des masses politiques, le système d'une constitution mixte ne doit-il pas être semblable à celui qui compose l'harmonie générale des efforts contraires des forces qui agissent sur les corps célestes? Ce sera donc l'énergie propre à chaque branche de la législature qui composera notre équilibre, et la seule garantie véritable que la France puisse offrir aux alliés comme sûreté de la paix générale.

Si l'on prétendait réfuter tout ceci, en disant qu'il n'en est pas des forces morales comme des forces physiques, je répondrais que j'ai appris que l'attraction agit dans le vide, et qu'à des distances inégales elle exerce son action sur les masses en raison inverse du carré des distances; mais que rien ne m'enseigna qu'elle ait aucune propriété de la matière; qu'ainsi je suis savamment obligé de croire sa force aussi morale qu'aucune manifestation de mes facultés intellectuelles.

Il faut s'en tenir aux faits, Monsieur le

Vicomte, et à leurs conséquences directes : vous avez vu ce qu'ont produit les efforts de la révolution pour se passer des trois branches du pouvoir législatif. Mais le Roi ne vient-il pas de porter la démocratie de la chambre des Représentans dans celle des Pairs? et l'aristocratie de leur chambre dans celle des Députés? voudrait-il aussi composer de ce mélange un tout homogène? Cette entreprise serait plus difficile qu'aucune de celles de la révolution; car pour se trouver homogène, elle n'avait pas manqué de proscrire l'aristocratie et la royauté.

Quels moyens de prévenir les malheurs que cette mesure prépare dans un avenir plus ou moins éloigné? comment les alliés trouveront-ils leurs garanties dans nos égaremens perturbateurs! Je vous le demande, Monsieur le Vicomte : considérez cet abîme ; vous avez d'excellens yeux, et je n'en ai plus.

J'ai l'honneur d'être, etc.

Le Duc de BRANCAS.

Motion d'ordre proposée à la Chambre des Pairs, par M. le Duc de Brancas.

MESSIEURS,

Avant son départ de Paris, le Roi avait dissous la Chambre des Représentans et prorogé celle des Pairs. Nous sommes donc, sous ce point de vue, ce que nous étions. Mais depuis l'ordonnance du 25 juillet dernier, la Chambre est-elle encore comme elle était ?

Dans des circonstances beaucoup moins graves, beaucoup moins importantes, la Chambre des Pairs d'Angleterre consulte les douze grands juges du Royaume et demande leur avis. D'après cet exemple, j'ai l'honneur de vous proposer de nommer parmi vous, et préalablement à toute autre délibération, une commission spéciale de sept ou neuf Pairs, ayant, précédemment à notre dernière prorogation, siégé dans la Chambre; et de joindre à cette commission le jurisconsulte Boïeldieu, déjà nommé par M. le Chancelier et par le Grand référendaire conseil des comités de ce genre, ainsi que tous autres

jurisconsultes jugés par la commission capa-
bles de concourir avec elle au rapport indispensable pour vous mettre en état de délibé-
rer sur votre situation actuelle.

Le Duc de BRANCAS.

LETTRE

DE M. LE DUC DE BRANCAS

A M. LE CHANCELIER.

Paris, le 14 octobre 1815.

Monsieur le Chancelier,

En réponse à la lettre de convocation que vous m'avez fait l'honneur de m'envoyer de la part du Roi, j'ai eu celui de vous supplier de dire à sa Majesté que malgré mon désir de me rendre à ses ordres, de fortes incommodités m'en empêchaient; mais ce qui s'est passé à la séance royale, et depuis dans notre Chambre, ont fait imaginer à beaucoup de gens, qu'au lieu d'être forcée, mon absence était fondée sur une prudence qui convient mal à l'étourderie de mon âge, car je n'ai que quatre-vingt-trois ans. Je vous conjure donc, en votre qualité de président de la Chambre des Pairs, de lever tout équivoque entre eux et moi, en leur communiquant ce que j'ai l'honneur de vous écrire. C'est *l'opinion* que j'aurais prononcée dans notre première assemblée.

Tout ce que j'ai à dire porte absolument sur ce que j'ai appris par les papiers publics, et par des gens que je crois bien informés de ce que je n'ai pu voir ni entendre.

J'ai lu qu'un membre de la séance royale, ayant voulu parler, M. le duc de Richelieu, président du conseil des ministres, après s'être approché du Roi et avoir pris ses ordres, a dit :

« L'usage immémorial de la monarchie ne
» permet pas dans de semblables circons-
» tances de prendre la parole en présence du
» Roi sans la permission de sa Majesté. Sa
» Majesté ordonne que l'appel nominal soit
» continué. »

Qu'un usage immémorial s'oppose à une innovation, telle est la force de l'habitude ; mais quand la raison, plus forte que l'habitude, établit une nouveauté, comment peut-on lui appliquer les chaînes de l'habitude : cette nouveauté ne vient-elle pas de les rompre ? Mais cette nouveauté n'aurait-elle pas dû introduire parmi nous le même usage qu'en Angleterre, puisque nous avons la même constitution.

Quand le Roi d'Angleterre préside la Chambre des Pairs, et qu'il y convoque celle des Représentans, leurs membres l'écoutent et ne disent rien, parce qu'aucun d'eux ne saurait adresser la parole au Roi, et que le Roi ne saurait la leur donner ; et voici pourquoi : la personne royale possède à elle seule le tiers du pouvoir législatif partagé par les deux Chambres, dans lesquelles il se divise entre les membres de chacune d'elles ; le vœu législatif d'une Chambre ne peut donc être connu que par sa majorité, et comme c'est à ce vœu que le Roi, comme partie collective de la constitution, doit répondre par son refus ou par son acceptation : aucun membre des Chambres ne saurait lui adresser son opinion individuelle, parce qu'il ne saurait répondre qu'au vœu de la majorité. Ainsi donc la nature des choses imposant silence à chacun des membres des Chambres qui l'écoutent, il n'est pas moins contre la nature des choses que le Roi leur donne la faculté de faire un serment, puisque de tous les actes le serment exige la plus mûre délibération, soit qu'on jouisse de la liberté de le rejeter, ou de l'accepter avec restriction : voilà ce qui se passe en Angleterre à l'ouverture du parlement. Mais comme le Roi avait convoqué les Chambres en séance royale, j'en eusse suivi l'usage en y prenant la parole, car il n'en est pas des usages qui découlent des principes, et qui n'en sont que les formes indispensables, comme des usages qui ne tiennent pas à la raison, et que les Rois, assez souvent, et les ministres toujours, essaièrent de mettre à sa place. Les faits que je vais avoir l'honneur de vous rappeler ne vous en donneront pas des exemples sans vous prouver aussi combien il est difficile de mettre l'usage à la place de la raison.

Le Roi venait au parlement à Paris, y tenir son lit de justice, ou bien une séance royale.

Dans le premier cas, la Cour protestait contre le silence qui lui était imposé. Le Roi n'y consultait personne : il y parlait comme unique législateur; et comme tel, il ordonnait à la Cour d'enregistrer ce qu'il voulait.

Les deux derniers exemples de ces anciens

usages eurent lieu lorsque Louis XV, dans l'affaire d'Aiguillon, tint à Versailles une séance royale, dans laquelle, à la grande surprise du public et au grand mécontentement des ministres, ce Monarque étant éclairé par la discussion, adopta l'avis de M. Michaud de Montbleins, conseiller des enquêtes, en prononçant ces paroles, dont Louis XVIII aurait pu se ressouvenir, *je suis de l'avis du sieur Michaud.*

Le second exemple, Louis XVI le donna lorsqu'étant venu à Paris, en octobre 1787, il y tint une séance royale. Les opinions provoquées par l'appel nominal, et déjà ouïes, ayant prouvé leur indépendance, M. de Lamoignon, devenu garde-des-sceaux, les interrompit, et changea subitement la séance royale en un lit de justice, en passant entre les bancs pour prendre les opinions à voix basse. Tout cela était d'usage ; mais suivant un autre usage, le parlement fit une protestation immédiate contre l'ordre intimé par le garde-des-sceaux d'enregistrer l'édit, d'abord proposé en séance royale, laquelle protestation, d'après un autre usage, fit manquer l'emprunt de 450 millions ouvert par l'édit.

Si l'on était également surpris du silence des deux Chambres du parlement d'Angleterre devant le Roi, et de voir Louis XV ayant convoqué à Versailles son parlement en séance royale, déclarer qu'*il est de l'avis du sieur Michaud*, je dirais que n'ayant rien à craindre, la liberté est tranquille et sérieuse, tandis que le despotisme, qui ne veut pas se montrer, encourage quelquefois l'esclavage à ne pas le reconnaître, et qu'il autorise alors sa résistance ; Louis XI porta la dissimulation du trône, au point de défendre au Parlement *d'obtempérer aux lettres closes* qu'il pouvait lui envoyer ; et ceci, Monsieur le Chancelier, vous paraîtra moins paradoxal, après vous être rappelé que jamais nous autres gens de France, ne pûmes souffrir ni la liberté véritable, ni une véritable servitude. Nous avions pourtant des ordonnances faites d'après les États-généraux : chaque province réunie à la couronne avait sa capitulation. Les Parlemens devenus nécessairement les dépositaires de ces monumens politiques, les avaient soigneusement placés dans leurs greffes ; mais les prospérités publiques croissant au milieu du désordre des temps, semblaient les réparer, et firent suc-

cessivement oublier les registres de *Mont-Luc*
et les *Olim*. La seule chose qui nous les rap-
pelât et pût nous faire croire que nous y tenions
toujours, était la coutume obstinément con-
servée par les Parlemens, de soumettre les
édits, les ordonnances et tous les autres actes
législatifs du Roi devenu seul législateur, à
l'enregistrement ; lequel supposait indispen-
sablement leur vérification, c'est-à-dire, qu'ils
étaient reconnus ne donner aucune atteinte
aux *ordonnances royaux* et aux capitulations
dont les Parlemens avaient juré de maintenir
l'intégrité. Mais à mesure que le droit perdit
la force qui le faisait respecter, la formule
qui préparait les moyens qu'il allait employer,
n'annonçant qu'une résistance impuissante,
n'était plus consacrée que par nos mœurs.
Mais n'étions-nous pas assez heureux, pour
n'avoir pas besoin d'être plus sages ? Cet usage
était le portrait peu fidèle de la personne
qu'on regrettait ; mais pourtant il la rappelait
encore.

Maintenant, permettez - moi d'examiner
l'usage qu'on veut introduire par la nouvelle
formule du serment demandé.

« Je jure d'être fidèle au Roi, d'obéir à la

» charte constitutionnelle et aux lois du
» Royaume, et de me conduire en tout
» comme il appartient à un bon et loyal
» Pair de France, (ou) comme un bon et
« loyal député. »

Avant de scruter ce serment d'une manière constitutionnelle, est-il possible de n'être pas frappé de le voir dépouillé des invocations qui donnent aux sermens un caractère si religieux, que, pendant plusieurs siècles, l'ancienne Rome les crut inviolables ?

On demande aujourd'hui qu'on jure de faire telle chose, d'observer telle autre ; mais sur qui, sur quoi avez-vous exigé que je jurasse ? A quoi m'ont engagé ces deux paroles *je jure ?* Que vous ont-elles promis ? quel gage vous ai-je donné ? quel gage avez-vous reçu ?

Les Grecs, les Romains juraient sur leurs dieux d'être fidèles aux engagemens dont ils les rendaient témoins et garans, par l'invocation de leurs sermens. Leurs dieux juraient eux-mêmes sur le stix comme le plus inflexible vengeur de l'inexécution des promesses. *Hoc maximum vinculum, hœc arcassa sacra, hos conjugales deos arbitrantur.*

Les Juifs ont jurés sur la Bible, les Chrétiens sur l'Évangile, les Mahométans sur le Koran, parce que ces livres renferment les dogmes de leur foi, et les préceptes de leur loi. Le serment est donc une chose indispensable. Aussi n'est-il pas moins indispensable qu'il ait un *sujet* et un *objet*. Celui qu'on nous présente n'a point de sujet ; et de ce que son objet ne saurait s'y attacher, puisqu'il y manque, il résulte qu'il ne tend à rien, et n'offre aucune garantie. J'ai beau vouloir l'attacher à quelque chose de fixe, je ne trouve nulle part, le *Quod stat*, et reste dans le vuide où je le cherche.

Je propose donc aux Pairs de présenter une adresse au Roi par laquelle il sera supplié d'envoyer aux Chambres une formule de serment qui puisse fortifier la foi qu'on y doit mettre, en inspirant à ceux qui le prêteront la crainte salutaire d'encourir les peines dont les lois divines et les lois humaines menacèrent de tous temps les parjures.

Si je considère à présent, et d'une manière constitutionnelle le serment proposé à la dernière séance royale : « je jure d'être fidèle au

» Roi , d'obéir à la Charte constitutionnelle.
« et aux lois du royaume ».

Je vois que cette rédaction du serment ,
sépare le Roi de la Constitution , l'en détache
et l'expose aux périls de son isolement :
tandis que pour rendre sa personne inviolable , elle l'enveloppe de tous côtés , et que
pour rendre son autorité absolue et pourtant
légitime , elle la confond dans la puissance
nationale; et qu'alors même qu'elle le considère sous l'aspect particulier du *pouvoir exécutif*, elle le rend infaillible , en ne voyant
jamais dans les fautes et les prévarications
des ministres , que les abus plus ou moins
coupables du pouvoir qui leur est confié , et
dont ils sont justement responsables.

J'examine à présent le second article de
ce serment *d'obéir à la Charte constitutionnelle*. La Charte ne saurait être constitutionnelle , puisque c'est elle qui donne la Constitution. Elle ne saurait être a la fois , la cause et
l'effet. Elle est donc , et seulement consti-
tuante et non pas constitutionnelle.

Que dans l'usage ordinaire on confonde la
Charte et la Constitution , et qu'alors on

jette sur l'une ou sur l'autre notre ancre de miséricorde, cela me paraît fort naturel. Mais nous , membres d'une des trois branches de la législature, ne devons-nous pas mettre le plus grand soin à découvrir si l'ancre qu'on attache à la Charte, ne préparerait pas le naufrage dont elle nous garantirait étant enfoncée dans la Constitution. En effet, cette Constitution que la Charte nous a donnée , divise le pouvoir législatif entre la chambre des Représentans, celle des Pairs et le Roi : de manière que la loi demande le concours indispensable des trois branches de la législature. Elles absorbent donc la puissance de la souveraineté nationale. Rien ne saurait donc exister hors d'elle, indépendamment d'elle. Ce qu'elle n'a pas fait, existe si peu pour elle, qu'elle a le pouvoir de détruire son propre ouvrage. Il est donc vrai, que, d'après la nature des choses, la Charte, victime honorablement dévouée au bien public, n'a pu donner la vie à la Constitution, sans perdre le jour.

Ne résulte-t-il pas de tout ceci, qu'un serment au Roi, serait presque un attentat contre sa personne; et que nous ne devons attester le ciel et la terre que sur notre inviolable fidélité à la Constitution ?

Le duc DE BRANCAS.

FIN.

DE L'IMPRIMERIE DE CHARLES, RUE DAUPHINE, N° 36.